Diabetes Control

मधुमेह एक परिचय

डायबिटीज : कारण, लक्षण एवं निवारण

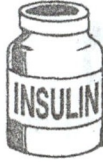 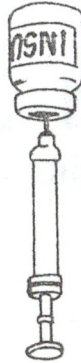 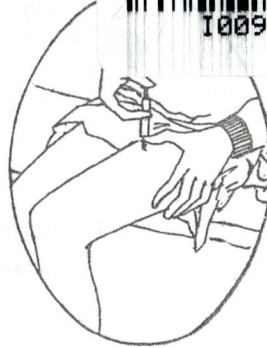

I0099284

वी एण्ड एस पब्लिशर्स

प्रकाशक

वी एण्ड एस पब्लिशर्स

F-2/16, अंसारी रोड, दरियागंज, नई दिल्ली-110002
☎ 23240026, 23240027 • फैक्स: 011-23240028
E-mail: info@vspublishers.com • *Website:* www.vspublishers.com

शाखाः हैदराबाद
5-1-707/1, ब्रिज भवन (सेन्ट्रल बैंक ऑफ इण्डिया लेन के पास)
बैंक स्ट्रीट, कोटी, हैदराबाद-500 095
☎ 040-24737290
E-mail: vspublishershyd@gmail.com

शाखा : मुम्बई
जयवंत इंडस्ट्रिअल इस्टेट, 2nd फ्लोर - 222,
तारदेव रोड अपोजिट सोबो सेन्ट्रल मॉल, मुम्बई - 400 034
☎ 022-23510736
E-mail: vspublishersmum@gmail.com

फ़ॉलो करें:

हमारी सभी पुस्तकें **www.vspublishers.com** पर उपलब्ध हैं

प्रकाशकीय

'वी एण्ड एस पब्लिशर्स' पिछले अनेक वर्षों से सामान्य ज्ञान, कहानी संग्रह, प्रतियोगी परीक्षा हेत, चिकित्सा आदि सर्वश्रेष्ठ पुस्तकों का प्रकाशन करते आ रहे हैं। इसी श्रृंखला की अगली कड़ी में हमने 'मधुमेह एक परिचय पुस्तक' प्रकाशित किया है।

मधुमेह एक जटिल रोग है, जो मनुष्य के शरीर को धीरे–धीरे अन्दर ही अन्दर लकड़ी में लगे दीमक की तरह खोखला कर देता है। पुराने समय से लेकर अब तक कई विद्वानों और लेखकों ने मधुमेह के बारे में लिखा है। हम मधु मेह रोग के कारणों, रोकथाम और चिकित्सा के बारे में सहज व सरल भाषा में अपने विचार अपने पाठकों तक पहुँचाना चाहते हैं।

हमें आशा है कि यह पुस्तक हमारे पाठकों द्वारा अवश्य सराही जाएगी। पुस्तक में मिली किसी त्रुटि या अपने बहुमूल्य सुझाव आप हमारे पते अथवा इमेल पर सर्म्पक कर सकते हैं। हमें आपके पत्र की प्रतीक्षा रहेगी।

प्रस्तावना

मधुमेह एक डरावनी बीमारी है। भारतवर्ष में लगभग 3.5 करोड़ लोग मधुमेह की बीमारी से ग्रस्त हैं। यह संख्या विश्व के सभी मधुमेह रोगियों की 25% है। इसमें से अधिकांशत: (90%) टाइप टू मधुमेह से ग्रस्त हैं, जिसकी पहचान किसी दुर्घटनावश या बहुत बढ़ जाने पर हो पाती है। विश्व स्वास्थ्य संगठन के अनुमान के अनुसार वर्ष 2025 तक विश्व में मधुमेह रोगियों की संख्या 30 करोड़ (अभी 15 करोड़) हो जायेगी और अकेले भारत में यह संख्या 5.7 करोड़ होगी। भारत में मधुमेह के रोगी की बढ़ती संख्या को देखते हुए विश्व स्वास्थ्य संगठन ने भारत को विश्व की मधुमेह राजधानी घोषित किया है।

अधिकांश भारतीयों की यह गलत धारणा है कि मधुमेह अधिक मीठी वस्तुओं का सेवन करने से होता है और इसे बंद करने पर यह रोग समाप्त हो जायगा। मधुमेह एक घातक बीमारी है, जिसका आधुनिक दवाईओं से इलाज बहुत कठिन है। यद्यपि इसे नियन्त्रित कर सकते हैं।

एक आम आदमी को मधुमेह की जानकरी देने के उद्देश्य से यह पुस्तक लिखी गई है। हमें आशा है कि हमारे पाठक इस पुस्तक से अवश्य लाभ उठाएंगे।

विषय-सूची

मधुमेह : एक परिचय

आज मानव प्रदूषित वातावरण में रह रहा है। आज विश्व की आबादी पाँच अरब से ज्यादा और भारत की वर्तमान आबादी लगभग एक अरब है। उद्योगों और स्वयं मानव द्वारा जनित प्रदूषण से वातावरण प्रदूषित हो गया है। शहरी जीवन व्यतीत करने वाला मानव आज शारीरिक श्रम के अभाव से रक्तचाप, कैंसर, हृदयरोग, मधुमेह आदि रोगों से पीड़ित है। उक्त रोगों में मधुमेह मनुष्य के शरीर को लकड़ी में लगे दीमक की तरह खोखला कर देता है।

भारतवासियों को अज्ञानता के कारण पहले तो इस रोग का पता ही नहीं चल पाता है और जब पता लगता है, तो मधुमेह भयंकर रूप धारण कर चुका होता है। मधुमेह बहुत ही पुराना रोग है, जिसके बारे में महर्षि चरक और सुश्रुत ने काफी कुछ लिखा है। सुश्रुत संहिता में मधुमेह को पैतृक रोग बताया है। इस रोग को अंग्रेजी में 'डायबिटीज' के नाम से जाना जाता है।

आज से लगभग 150 वर्ष पूर्व चिकित्सा वैज्ञानिकों ने इसका सूक्ष्म अध्ययन किया। सन् 1679 में डॉ. थॉमस, सन् 1815 में फ्रांसीसी रासायनिक चेबरूल ने अपने अध्ययन से पता लगाया कि मानव मूत्र में मिलने वाली शर्करा एक प्रकार का ग्लूकोज है। सन् 1921 में कई डॉक्टरों ने पता लगाया कि मानव की पेन्क्रियाज ग्रंथि से पैदा होने वाली इन्सुलीन मानव शरीर में शर्करा का संतुलन बनाये रखती है। इन्सुलीन की खोज होने पर भी अभी तक मधुमेह रोग पर पूर्ण नियंत्रण नहीं हो पाया है।

वर्तमान समय में मधुमेह रोगियों के लिए इन्सुलीन इंजेक्शन व गोलियाँ लाभदायक सिद्ध हुई हैं। सन् 1955 में 'फेंक्रफुच' नामक वैज्ञानिक द्वारा खाने वाली मधुमेह नियंत्रक दवाइयों की खोज से रोगी का मानसिक तनाव तो कम हुआ लेकिन मधुमेह से पूर्ण छुटकारा प्राप्त नहीं हो पाया।

प्रस्तुत पुस्तक में मधुमेह रोगियों को अच्छा, खुशहाल जीवन जीने के लिए उनके भोजन, आसन, प्राणायाम, सैर, ध्यान व औषधियों आदि की समुचित जानकारी दी गयी है। जिनका पालन करने से मधुमेह रोगी एक खुशहाल और लम्बा जीवन जी सकते हैं।

1 मधुमेह क्या है?

मधुमेह क्या है?

मधुमेह या डायबिटीज मेलिटीस एक ऐसी बीमारी है, जिसमें रोगी को अधिक मात्रा में पेशाब होता है। पेशाब के साथ ग्लूकोज नामक मीठा पदार्थ भी निकलता है। इस बीमारी में रोगी बहुत अधिक मात्रा में पेशाब करता है,जिसके साथ में एक मीठा पदार्थ भी निकलता है जिसे ग्लूकोज कहते हैं। ऐसा अग्नाशय में उत्पन्न होने वाले इंसुलीन नामक हार्मोन्स की कमी से या इंसुलीन के असंतुलित व्यवहार के कारण होता है।

अग्नाशय की संरचना और कार्य प्रणाली

अग्नाशय उदर में पाया जाने वाला एक महत्त्वपूर्ण अंग है। यह डायबिटीज मेलिटीस का एक बड़ा कारक है। अग्नाशय एक कोमल व चपटी, करीब 15–20 सेंटीमीटर लंबी, 3–5 सेमी. चौड़ी व 2–4 सेमी. मोटी और 80–90 ग्राम वजन वाली एक थैली होती है। यह पेट के पीछे की तरफ उदर के अंदर स्थित होती है।

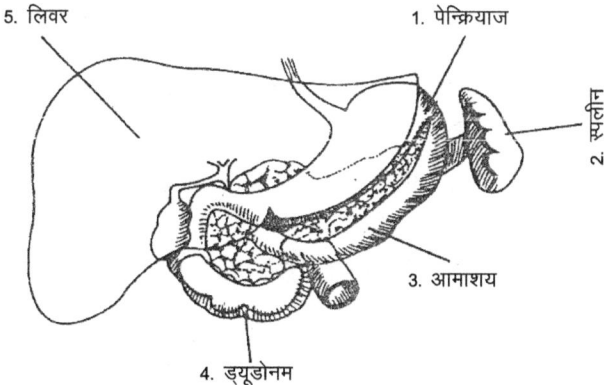

5. लिवर
1. पेन्क्रियाज
2. स्पलीन
3. आमाशय
4. ड्यूडोनम

अग्नाशय के भाग

अग्नाशय के 3 मुख्य भाग होते हैं –

1. सिर 2. मुख्य भाग या धड़ 3. पूँछ

अग्नाशय का सिर वाला भाग C के आकार वाली अवतल रचना जिसे ड्यूअडीनम Duodinam कहते हैं, जो पेट के निचले भाग व छोटी आँत के ऊपरी छोर के बीच होता है। बायीं तरफ पेट के ऊपरी भाग में होता है। अग्नाशय का पूँछ वाला भाग, पेट के ऊपरी भाग के बायीं तरफ एक अन्य अंग तिल्ली (Spleen) में समाप्त होता है। सिर और पूँछ के बीच के भाग को धड़ या मुख्य भाग कहते हैं।

अग्नाशय के प्रमुख कार्य

अग्नाशय के 2 प्रमुख कार्य होते हैं–

(1) भोजन पचाने का कार्य : अग्नाशय का करीब 99% कार्य भोजन को पचाना है। इसमें बहुत–सी छोटी–छोटी कोशिकाएँ होती हैं, जिनमें भोजन पचाने का कार्य करने वाला एन्जाइम पैदा होता है। यह एन्जाइम ही भोजन में पाये जाने वाले प्रोटीन, कार्बोहाइड्रेट और वसा को पचाने का काम करता है।

(2) हार्मोन्स उत्पन्न करने का काम : अग्नाशय का 1–2 प्रतिशत भाग हार्मोन्स उत्पन्न करने का कार्य करता है। हार्मोन्स एक रासायनिक पदार्थ है जो शरीर के एक अंग थैली में उत्पन्न होता है और रक्त के साथ शरीर के हिस्से से दूसरे हिस्से में जाता है। अग्नाशय का यह हार्मोन्स उत्पन्न करने वाला भाग, कोशिकाओं के समूह के रूप में होता है। इन समूहों को इनकी खोज करने वाले वैज्ञानिक पाल लैंगरहैन (Paul Langerhan) के नाम पर 'लैंगरहैन आईलेट्स' कहते हैं। पाल लैंगरहैन ने 1869 में इनकी खोज की थी। एक सामान्य अग्नाशय में करीब बीस लाख ऐसे कोशिका समूह पाये जाते हैं। इन समूहों में 4 तरह की कोशिकाएँ पायी जाती हैं।

(i) A या अल्फा कोशिकाएँ जो ग्लूकागन हार्मोन उत्पन्न करती हैं।

(ii) B या बीटा कोशिकाएँ जो इंसुलीन हार्मोन उत्पन्न करती हैं।

(iii) D या डेल्टा कोशिकाएँ जो सोमटोस्टेटिन हार्मोन उत्पन्न करती हैं।

(iv) F कोशिकाएँ जो पैनक्रियेटिव पेप्टाइड हार्मोन उत्पन्न करती हैं।

इंसुलीन सबसे महत्त्वपूर्ण हार्मोन्स है जिसकी कमी से डायबिटीज मेलिटीस की बीमारी होती है।

मधुमेह के प्राथमिक कारण

1. इंसुलीन का कम बनना
2. इंसुलीन का कम प्रभावी होना

मधुमेह के आयुर्वेदिक सिद्धांत

आयुर्वेदिक सिद्धांतों के अनुसार मधुमेह को समझने के लिए हमें मानव शरीर में पाये जाने वाले 3 तत्त्वों को समझना होगा। यह 3 तत्त्व ही शरीर को सामान्य व स्वस्थ रखते हैं। यह 3 तत्त्व हैं–

   1. दोष   2. धातु   3. मल

   इन 3 तत्त्वों का असंतुलन ही बीमारी को जन्म देता है।

दोष : दोष द्वारा शरीर की बाहरी व रासायनिक संरचना प्रभावित होती है। यह 3 तरह के होते हैं–

   1. वात्   2. पित्त   3. कफ

वात् : वात् द्वारा शरीर के विभिन्न अंगों की सक्रियता प्रभावित होती है। वात् भी 5 प्रकार के होते हैं–

   (i) प्राण द्वारा मस्तिष्क का कार्य और तंत्रिका तंत्र प्रभावित होता है। उदाहरण के लिए सूँघने, स्वाद, स्पर्श, सुनने और देखने की क्षमता, ऊपरी और निचले अंगों का परिचालन, गुदा, यौन अंग व श्वसन क्रिया।

   (ii) उदान द्वारा छाती का चलन, श्वांस नली की झिल्ली और बोलने की क्षमता प्रभावित होती है। यह श्वसन प्रक्रिया, छींकना व बोलना को नियंत्रित करता है।

   (iii) समन द्वारा आँत की कार्यप्रणाली, पाचन क्रिया व भोजन को शरीर में आत्मसात् करने की क्रिया होती है।

   (iv) अपान द्वारा मूत्राशय, गुदा, गर्भाशय का कार्य नियंत्रित होता है। यह पेशाब करने, मल त्याग, मासिक धर्म, वीर्य और बच्चों के जनन में प्रभावी होता है।

   (v) व्यान सभी मांसपेशियों के स्वतः व निष्काम चलन को प्रभावित करता है। यह हृदय के चलन, नाड़ियों में रक्त प्रवाह, लसीका ग्रंथियों (शरीर के विभिन्न भागों में मौजूद सफेद द्रव्य) और हार्मोन बनाने वाली ग्रंथियों को प्रभावित करता है।

वात् के असंतुलन से पैदा होने वाली बीमारियाँ निम्न हैं–

दमा

   ☞ मिर्गी व अन्य दिमागी बीमारियाँ

   ☞ पित्ती (त्वचा रोग)

   ☞ वायरल बुखार (तापमान के बदलाव के कारण)

   ☞ रक्तहीनता (खून में लौह तत्त्व की कमी)

   ☞ मोटापा (अधिक वजन होना)

मधुमेह

1. अजीर्ण या कब्ज होना, थायराइड या अधिवक्र (अड्रींनल) ग्रंथि की कार्य क्षमता में कमी होना।

2. **पित्त** हमारे शरीर में होने वाली रासायनिक क्रिया को नियंत्रित करता है। यह पाँच तरह का होता है–

1. **पाचक :** जो शरीर में पाचन क्रिया से सम्बन्धित एंजाइम व दूसरे रसायनों के कारण होता है। यह भोजन को पचाने व उसको आत्मसात् करने में सहायता करता है।
2. **रंजक :** जो कि रक्त में हीमोग्लोबिन (रक्त में लौह) के उत्पादन के लिए जिम्मेदार है।
3. **अलोचक :** जो आँख की जैव रासायनिक क्रिया को नियंत्रित करता है।
4. **सादक :** जो मस्तिष्क की सामान्य कार्य प्रणाली को नियंत्रित करता है।
5. **ब्रजक :** जो पसीने के रूप में शरीर से व्यर्थ पदार्थों को बाहर निकाल कर त्वचा में चमक उत्पन्न करता है। पित्त के असंतुलन से होने वाली बीमारियाँ निम्न हैं–

विषाक्त बुखार, अति अम्लता, अजीर्णता, दस्त, पीलिया रक्ताल्पता, (रक्त कोशिकाओं के नष्ट होने के कारण) ब्रोंकाइटीस, मवाद बनने से होने वाले त्वचा रोग, विषाणुओं, कीटाणुओं व वायरस से होने वाले सभी संक्रमण आदि।

3. **कफ :** शरीर के अंगों में होने वाले विकास के लिए जिम्मेदार है। यह शरीर के अंगों से होने वाले रिसाव को प्रभावित करता है। यह पाँच तरह का होता है–

(i) **क्लेदक** – मुँह, पेट और आँतों से निकालने वाले रस को कहते हैं। यह भोजन को पचाने व कीटाणुओं को नष्ट करने का काम करता है।

(ii) **अवलाम्बिका** – नाक (श्वसन प्रणाली) से होने वाले रिसाव को 'अवलाम्बिका' कहते हैं। यह फेफड़ों में हवा जाने व बाह्य पदार्थों को रोकने में सहायक होता है।

(iii) **बोधक** – स्वाद की ग्रंथियों से होने वाले रिसाव को 'बोधक' कहते हैं। इससे जीभ को स्वाद की अनुभूति होती है।

(iv) **तर्पक** – यह सेरेब्रो स्पाइनल द्रव से सम्बन्ध रखता है, जो मस्तिष्क व रीढ़ की हड्डी के चारों ओर रहता है। यह मस्तिष्क को पोषण प्रदान करता है और उसे बाहरी विषैले पदार्थों से बचाता है।

(v) **श्लेषक** – यह हड्डियों व जोड़ों में पाया जाने वाला द्रव है, जिसे 'साइनोविअल फ्लुइड' कहते हैं। यह हड्डियों व जोड़ों में आसान चाल के लिए जिम्मेदार है। हृदय व फेफड़ों के चारों ओर पाया जाने वाला द्रव भी श्लेषक कफ कहलाता है। कफ के असंतुलन से होने वाली बीमारियाँ निम्न हैं–

- साधारण जुकाम
- फेफड़ों व श्वसन प्रणाली में संक्रमण
- संक्रमण के कारण दस्त
- पीलिया
- दाद, मुहाँसे व त्वचा के अन्य संक्रमण
- गठिया रोग (जोड़ों में दर्द)
- गुर्दों में सूजन व संक्रमण (ग्लोमेरूलोनेफ्रितीस)
- उदर में सूजन (पेरीटोनाइतीस)
- मस्तिष्क कोप, मस्तिष्क बुखार व मस्तिष्क में अन्य संक्रमण
- शरीर के अलग–अलग जगहों में पाये जाने वाले अर्बुद

धातु : शरीर की रचना के लिए जिम्मेदार पदार्थ है। कुल सात तरह के धातु होते हैं जैसे – लसीका, रक्त मांसपेशी, वसा ऊतक, बोन मेरो, वीर्य व अंडे।

मल : मल विभिन्न धातुओं का विसर्जन है, जो शरीर में होने वाले चयापचयी परिवर्तनों के कारण होता है। मल के उदाहरण– पसीना, पेशाब, पाखाना, गैस, पित्त, कानों का मैल, नाक व लार आदि।

बीमारी का जन्म दोष धातु व मल के असंतुलन के कारण होता है। मधुमेह मूत्र सम्बन्धी एक असंतुलन है जिसमें रोगी अधिक मात्रा में व गंदा मूत्र (प्रमेहस) विसर्जित करता है।

कुल 20 तरह के प्रमेहस पाये गये हैं जिन्हें मुख्यतः 3 दोषों में बाँटा गया है–

(i) वातज प्रमेहस – यह 4 तरह के होते हैं।
(ii) पित्तज प्रमेहस – यह 6 तरह के होते हैं।
(iii) कफज प्रमेहस – यह 10 तरह के होते हैं।

मधुमेह एक तरह का वातज प्रमेहस है।

मधुमेह के प्रकार

मधुमेह रोग के उत्पन्न होने के कारणों और इसके विकसित होने की परिस्थितियों के आधार पर डायबिटीज मेलिटीस को विभिन्न रुपों में विभाजित किया गया है। इसका प्रत्येक रुप एक–दूसरे से बिल्कुल भिन्न है, जो कि इस रोग की उत्पत्ति के कारणों, इसकी दशा, इसकी जटिलता, इसके लक्षण और इसके उपचार के आधार पर निर्धरित होता है। विभिन्न प्रकार के डायबिटीज मेलिटीस का नीचे वर्णन किया गया है–

इंसुलिन आधारित डायबिटीज या टाइप वन डायबिटीज

इस तरह की डायबिटीज के लिए माना जाता है कि इस तरह की डायबिटीज बचपन में या किशोरावस्था में होती है, इसलिए इसे अवयस्क या किशोर डायबिटीज के नाम से भी जाना जाता है। यह मध्यम व प्रौढ़ आयु वर्ग के

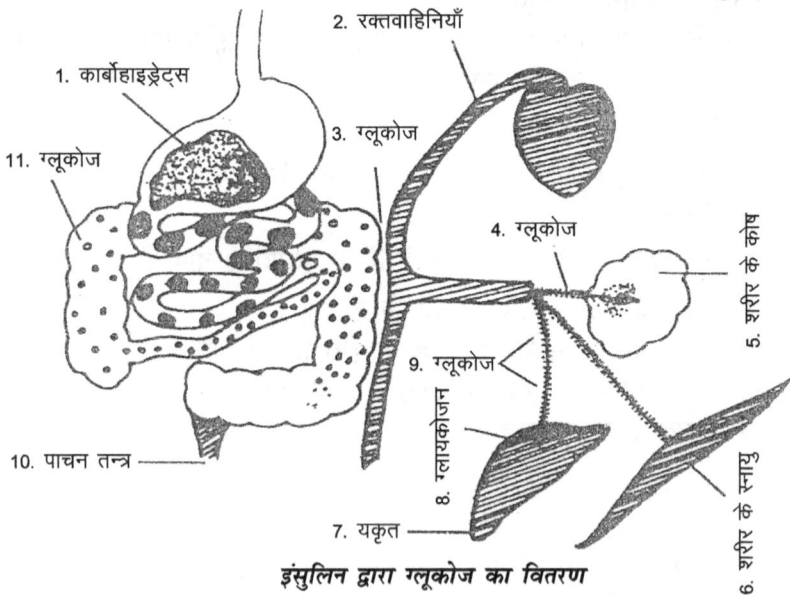

2. रक्तवाहिनियाँ
1. कार्बोहाइड्रेट्स
11. ग्लूकोज
3. ग्लूकोज
4. ग्लूकोज
5. शरीर के कोष
9. ग्लूकोज
10. पाचन तन्त्र
8. ग्लायकोजन
7. यकृत
6. शरीर के स्नायु

इंसुलिन द्वारा ग्लूकोज का वितरण

लोगों में भी हो सकती है। इसमें अग्नाशय (पैन्क्रियाज) बहुत ही कम या नहीं के बराबर इंसुलिन पैदा करता है, जिसके कारण रोगी को इंसुलिन के कृत्रिम साधनों का सहारा लेना पड़ता है। इस तरह की डायबिटीज अचानक ही पैदा होती है और बड़ी तेजी से बढ़ती है। जब तक इसकी पहचान हो पाती है, तब तक रोगी के शरीर को कई तरह की जटिलताएँ घेर चुकी होती हैं। यह परिवार के दूसरे सदस्यों में आमतौर पर नहीं होती। जिन रोगियों को इस तरह की डायबिटीज होती है, वे अधिकतर स्थूलकाय नहीं होते और सामान्य आहार पर सक्रिय जीवन जी रहे होते हैं। इन लोगों को मात्र इंसुलिन के इंजेक्शन ही सहायक होते हैं, और अगर उचित ढंग से इनका उपचार न किया गया तो उससे पैदा होने वाली जटिलताओं के परिणाम घातक भी हो सकते हैं। यह रोग यूरोप और अमेरिका में अधिक पाया जाता है। यह रोग 700 बच्चों में से एक बच्चे को और 200 किशारों में से एक किशोर को हो सकता है।

नॉन-इंसुलिन आधारित डायबिटीज या टाइप टू डायबिटीज

इस प्रकार की डायबिटीज मध्यम आयु वर्ग या अधिक आयु वर्ग के लोगों को होती है। यह टाइप वन डायबिटीज से अधिक पायी जाती है। यह चुपचाप पैदा होकर धीरे–धीरे बढ़ती है और प्रायः वर्षों तक इस पर ध्यान नहीं जाता।

इसकी जानकारी अकसर तभी मिलती है, जब रोगी का, किसी नौकरी पर नियुक्ति के पूर्व या किसी ऑपरेशन से पहले मेडिकल चेक–अप होता है। ये रेागी सामान्य भार से अधिक भार के होते हैं या मोटे होते हैं या पेटू किस्म के निष्क्रिय, आराम–तलबी का जीवन जी रहे होते हैं। अकसर इस तरह के रोगियों के परिवार के सदस्यों– विशेषकर माता–पिता, दादा–दादी, चाचा–चाची या भाई–बहनों में भी यह रोग होता है। इसके परिणाम टाइप वन डायबिटीज की तरह घातक नहीं होते और इसमें व्यायाम, आहार में परहेज और सामान्य दवाओं से फायदा होता है। टाइप वन और टाइप टू डायबिटीज में अंतर नीचे दर्शाया गया है।

टाइप वन और टाइप टू डायबिटीज में अंतर

	वर्ग	**टाइप वन डायबिटीज**	**टाइप टू डायबिटीज**
1.	आयु समूह	सामान्य तौर पर बचपन और किशोरावस्था में	मध्य आयु वर्ग और बड़ी आयु के लोगों में होता है।
2.	पहचान कैसे होती है	सामान्य तौर पर जटिलताओं के बढ़ने पर	नौकरी में चेक–अप के समय या ऑपरेशन के पहले

3.	रोग का प्रसार	अचानक पैदा होता है और तीव्र गति से बढ़ता है।	धीमे से पैदा होता है और धीरे– धीरे बढ़ता है।
4.	सामान्य उपस्थिति	आमतौर पर कम देखने में आता है।	आमतौर पर टाइप वन से अधिक देखने में आता है।
5.	शरीर का भार	आमतौर पर सामान्य	आमतौर पर अधिक भारी
6.	आहार	आहार का कोई प्रभाव नहीं	अधिक खाने वाले लोगों में
7.	जीवन-शैली	सक्रिय या निष्क्रिय	निष्क्रिय– आराम तलबी वाली
8.	पारिवारिक पृष्ठभूमि	परिवारजन अछूते रहते हैं।	आमतौर पर परिवारजनों में यह रोग होता है।
9.	उपचार	इंसुलिन के इंजेक्शन अनिवार्य	खाने वाली दवाओं से आमतौर पर नियंत्रित हो जाता है।
10.	जटिलताएँ	जल्दी बढ़ जाती हैं।	देर से बढ़ती हैं।

मधुमेह के कारण अग्नाशय (पैन्क्रियाज) में होने वाली बीमारियाँ

पैन्क्रियाज में इंसुलिन के उत्पन्न होने के कारण ही इसमें डायबीटिज के उत्पन्न होने का भी मुख्य कारण बनता है। पैन्क्रियाज में होने वाली सामान्य बीमारियाँ निम्नलिखित हैं –

अ. पैन्क्रियाज में किसी भी प्रकार का संक्रमण

ब. पैन्क्रियाज से सम्बन्धित किसी भी प्रकार का ट्यूमर

स. पथरी व विषैले रसायनों आदि के कारण पैन्क्रियाज व अन्य अंगों में अवरोध

द. ऑपरेशन द्वारा पैन्क्रियाज को निकाल देना

ऐसे व्यक्तियों में कभी भी यह रोग उत्पन्न हो सकता है। भले ही उनके शरीर का वजन, खान–पान की आदतें, जीवन–शैली अथवा पारिवारिक इतिहास जो भी हो। उन्हें प्रायः उपचार के लिए इंसुलिन के इंजेक्शनों की आवश्यकता होती है जबकि कुछ लोग दवाएँ लेकर ही ठीक हो सकते हैं।

कुपोषण के कारण होने वाली डायबिटीज

भारत जैसे विकासशील देशों में अनेक व्यक्तियों में किशोर या वयस्कावस्था में ही गंभीर कुपोषण के कारण यह रोग हो जाता है। ऐसे व्यक्तियों को अपने जीवन के प्रारंभिक वर्षों में पूरा भोजन नहीं मिला होता है, विशेष रूप से प्रोटीनयुक्त भोजन। इस प्रकार उनके शरीर में पोषण का अभाव हो जाता है, वे दुर्बल हो जाते हैं तथा इंसुलिन हार्मोन्स के उत्पादन का स्तर भी घटता है।

भोजन के अभाव में बनने वाला इंसुलिन भी असंवेदनशील होता है तथा सही तरह से कार्य नहीं कर पाता। इस प्रकार ये लोग धीरे–धीरे मधुमेह से ग्रस्त हो जाते हैं। वे इंसुलिन के कृत्रिम स्त्रोतों पर ही प्रतिक्रिया दे पाते हैं।

अन्य हार्मोन्स के कारण होने वाली डायबिटीज

कई व्यक्तियों में कुछ निश्चित हार्मोन्सों की अत्यधिक मात्रा बनने के कारण रोग उत्पन्न हो जाता है, जो इंसुलिन की सामान्य क्रिया में बाधा देते हैं जैसे– विकास से जुड़े हार्मोन्स, थायराइड हार्मोन्स, ग्लूकागान (पैंक्रियाज से)। इनके हस्तक्षेप के कारण इंसुलिन भोजन के साथ सामान्य गतिविधियाँ नहीं कर पाता और व्यक्ति में रक्तशर्करा का स्तर बढ़ जाता है, जो मधुमेह को जन्म देता है। इन रोगियों के लक्षण व उपचार दोनों में ही विविधता पायी जाती है।

दवाओं व विषैले रसायनों से उत्पन्न डायबिटीज

कुछ दवाएँ, विषैले भोज्य पदार्थ व कृतंकनाशियों के कारण पैंक्रियाज की कोशिकाएँ नष्ट हो जाती हैं, जो इंसुलिन बनाती हैं। इसी से मधुमेह रोग उत्पन्न होता है।

लीवर की बीमारी के कारण होने वाली डायबिटीज

लीवर में होने वाले इंफेक्शन और अन्य चयअपचय क्रियाओं के गड़बड़ाने से भी डायबिटीज को विकसित होने का निमंत्रण मिल जाता है ।

गर्भावस्था व डायबिटीज

कुछ गर्भवती महिलाओं में भी गर्भावस्था के दौरान मधुमेह पाया जाता है। चिकित्सा के आयुर्वेदिक तंत्र के अनुसार विभिन्न प्रकार के मधुमेह निम्नलिखित हैं –

आयुर्वेद के अनुसार डायबिटीज के विभिन्न प्रकार:

मधुमेह को दो श्रेणियों में विभाजित किया जा सकता है:

- – दोषों के प्रकार पर आधारित (अध्याय 1 में देखें)
- – वंशानुक्रम में प्राप्त पर आधारित (आनुवंशिकता)

दोषों के प्रकार पर आधारित

1. वातज प्रकार
2. कफज प्रकार
3. पित्तज प्रकार

आनुवंशिकता पर आधारित

1. पैतृक

2. गैर–आनुवंशिक

अ. वजन बढ़ने के कारण

ब. वजन कम होने के कारण

मधुमेह की आयुर्वेदिक अवधारणा तीनों दोषों वात, कफ व पित्त के असंतुलन से सम्बन्ध रखती है। जब वात दोष की प्रधानता होती है तो इसे वातज कहते हैं। इसी प्रकार कफज व पित्तज दोष होते हैं। वंशानुक्रम की अवधरणा के अनुसार यह रोग आनुवंशिक हो सकता है, जिसमें व्यक्ति के वजन के कम या अधिक न होने पर भी किसी रक्त सम्बन्धी को मधुमेह होता है। गैर–आनुवंशिक अवधरणा की दो श्रेणियाँ हैं– एक वह है जो अधिक वजन वाले व्यक्तियों में पायी जाती है। वे आवश्यकता से अधिक खाते हैं तथा आरामदायक जीवन–शैली जीने के आदी होते हैं। दूसरी श्रेणी में वे लोग आते हैं, जिनका वजन बहुत कम होता है तथा पर्याप्त व पौष्टिक भोजन न लेने के कारण कुपोषण से ग्रस्त होते हैं ऐसा भी हो सकता है कि वे टी.बी. जैसे रोग से ग्रस्त हों।

3

मधुमेह के कारण

मधुमेह की बीमारी किसी व्यक्ति के शरीर की विभिन्न प्रणाली व वातावरण के तमाम कारणों का परिणाम है। इसलिए यह बहु कारणों व बहु प्रणाली बीमारी है। इस बीमारी को पैदा करने वाले विभिन्न कारण निम्न हैं –

आयु

यद्यपि मधुमेह की किसी भी टाइप की बीमारी किसी भी आयु के व्यक्ति को हो सकती है, परन्तु अधिकतर यह बीमारी मध्य आयु के और वृद्ध व्यक्तिओं में होती है। इंसुलिन पर आधारित (टाइप वन) और कुपोषण से जनित मधुमेह कम आयु के व्यक्तिओं में पाया जाता है। इस तरह के लोगों में इसका इलाज जटिल व कठिन होता है। कभी–कभी यह जानलेवा भी होता है। कुछ शोधकर्ताओं के अनुसार आयु का बढ़ना मधुमेह का एक महत्त्वपूर्ण कारण है और अग्नाशय में बुढ़ापे के कारण होने वाले परिवर्तन भी इसमें सहयोगी बनते हैं।

लिंग

यह बीमारी दोनों लिंग वाले व्यक्तिओं में समान रूप से पायी जाती है। यद्यपि कुछ देशों में पुरुषों में यह अधिक पायी जाती है जबकि कुछ अन्य देशों में यह महिलाओं में अधिक पायी जाती है। लिंग के अनुसार इस बीमारी का पाया जाना शायद इस कारण भी हो सकता है कि इसका इलाज निजी और प्राइवेट चिकित्सकों द्वारा होता है जो इस बीमारी की सूचना नहीं देते हैं।

भोजन और पोषण

मोटे व्यक्तिओं में टाइप टू की मधुमेह बीमारी प्रतिरोधक क्षमता के कारण अधिक पायी जाती है। ऐसे लोग टाइप वन या इंसुलीन आधारित डायबिटीज मेलिटीस से पीड़ित होते हैं। अभी हुए शोध के अनुसार मधुमेह की बीमारी का पोषण से सम्बन्ध नहीं पाया गया है। कुछ शोध में यह भी पता चला है कि जिन बच्चों को बचपन में गाय का दूध दिया जाता है, उन्हें टाइप वन की बीमारी की संभावना अधिक होती है। ऐसा एक पदार्थ 'बोविन सीरम अल्बुमिन' के कारण होता है,

जो अग्नाशय की इंसुलीन पैदा करने वाली कोशिकाओं को नष्ट करता है। कार्बोहाइड्रेट विशेषतः शोधित चीनी के अधिक सेवन से परोक्ष रूप से मोटापा बढ़ने से टाइप टू की बीमारी की अधिक संभावना होती है।

जीवन-शैली

किसी व्यक्ति की जीवन–शैली से मधुमेह की बीमारी होने का खतरा 2 तरह से पैदा होता है –

निष्क्रिय या अधिक बैठे रहने वाली जीवन-शैली

जिन लोगों में शारीरिक कार्य की कमी रहती है या सुस्त और निष्क्रिय जीवन–शैली होती है, उन्हें इंसुलिन पर अनाधारित मधुमेह होने की अधिक संभावना रहती है। शारीरिक कार्य की कमी से इंसुलीन की क्षमता बदल जाती है।

शहरी जीवन-शैली

विकसित और विकासशील देशों तथा शहरी और ग्रामीण जनसंख्या के सांख्यकी अध्ययन से कुछ रोचक जानकारी प्राप्त होती है। विकासशील से विकसित और ग्रामीण से शहरी इलाकों में आने पर लोगों में मधुमेह की बीमारी होने की संभावना अधिक होना पाया गया है।

इस तरह से शहरी या पश्चिमी सभ्यता के बढ़ने पर इस रोग के बढ़ने की संभावना पायी जाती है।

संक्रमण

बैक्टीरिया या वाइरस से होने वाला संक्रमण मधुमेह के संभावित रोगियों में इस रोग के होने की संभावना बढ़ाने का कारण होता है। अग्नाशय में संक्रमण से कुछ घटनाएँ होती हैं, जिनसे इंसुलीन बनाने वाले बीटा कोशिकाएँ नष्ट होती हैं।

दवाइयाँ और विषैले पदार्थ

कुछ दवाइयाँ जैसे– स्टीरायड हारमोंस और पदार्थ जिनसे पेशाब की मात्रा बढ़ती है (डाईयुरेटिक्स) भी मधुमेह की संभावना बढ़ाने में सहायक पाये गये हैं। विषैले पदार्थ जैसे– अल्लोक्सान, स्ट्रेप्तोजोटोसिन, चूहों का जहर (वाल्कर) के जानवरों पर हुए अध्ययन से पता चला है कि इन पदार्थों से मधुमेह पैदा होता है। कुछ खाद्य पदार्थ जैसे– कसावा और कुछ बीज यदि अधिक मात्रा में लिए जाते हैं तो इनमें मौजूद साइनाइड की अधिक मात्रा का विषैला प्रभाव इंसुलीन बनाने वाली कोशिकाओं पर होता है।

अल्कोहल यदि अधिक मात्रा में लम्बे समय तक लिया जाता है तो यह यकृत व अग्नाशय के लिए विषैला होता है व मोटापा बढ़ाता है।

तनाव

मानसिक तनाव से छुटकारा

किसी भी तरह का तनाव भी मधुमेह के संभावित रोगियों में इसकी संभावना बढ़ाता है। यह तनाव शल्य चिकित्सा, संक्रमण, चोट, गर्भावस्था या किसी कारण से मानसिक तनाव हो सकता है।

आनुवंशिक

यह निम्न प्रकार से आनुवंशिक भी हो सकता है–

- मधुमेह विशेषतः टाइप वन का, रोगी के माता पिता और रक्त सम्बन्धियों में अन्य लोगों के मुकाबले अधिक पाया गया है।
- कुछ चिह्न दृह्यूमन, ल्यूकोसाईट, अंटीजेन, जब किसी व्यक्ति में पाये जाते हैं तो यह मधुमेह विशेषतः टाइप वन का संकेत करते हैं।
- कई व्यक्तिओं, विशेषतः टाइप टू मधुमेह वाले व्यक्तिओं में कुछ अन्य समस्याएँ जैसे– मोटापा, उच्च रक्तचाप और वसा की अधिक मात्रा भी पायी जाती हैं।
- कुछ व्यक्तिओं में दोषपूर्ण तंत्र के कारण बीटा कोशिकाएँ स्वतः ही नष्ट होने की प्रक्रिया प्रारम्भ हो जाती है।

आयुर्वेद के अनुसार मधुमेह के कारण

दोष के अनुसार

दोष की मात्रा में असंतुलन से शरीर में मधुमेह उत्पन्न होता है। यदि वात् दोष बढ़ जाता है और अन्य कम हो जाते हैं तो होने वाले मधुमेह को वातज मधुमेह कहते हैं। इसी तरह से पित्त और कफ दोषों के बढ़ने से पित्तज और कफज मधुमेह होते हैं।

खान-पान के अनुसार

आयुर्वेद के अनुसार किसी बीमारी का कारण कुछ विशेष खाद्य पदार्थों का लेना माना गया है। आयुर्वेदाचार्यों ने उच्च कार्बोहाईड्रेट और वसा वाला भोजन का अधिक लेना मधुमेह का कारण बताया है।

जो लोग कुछ खाद्य पदार्थ जैसे– दूध और दूध से बनी चीजें, शहद, चीनी, गेहूँ, चावल, बाजरा, दाने, गोश्त, मछली, अंडे, घी, तेल, चाय, काफी, पेय पदार्थ और आइसक्रीम आदि अधिक खाते हैं उनमें मधुमेह की संभावना अधिक रहती है।

जीवनचर्या

निष्क्रिय जीवनचर्या : धनी व्यक्ति जो शारीरिक के बजाय मानसिक कार्य अधिक करते हैं जैसे– नेता, दुकानदार, अधिकारी, जमींदार अध्यापक,चिकित्सक और वकील, वे मधुमेह की बीमारी पाने की अधिक संभावना रखते हैं। इसके विपरीत श्रमिक, किसान पुलिसवाले, फौजी लोग इस बीमारी को होने की कम संभावना रखते हैं।

शहरी और पश्चिमी जीवनचर्या : तेजी से होने वाले शहरीकरण व पश्चिमी प्रभाव के कारण, कई लोग महत्त्वाकांक्षी, अनियमित व उच्च कैलोरी वाला भोजन लेते हैं, जिस कारण उनमें मल त्याग व पेशाब त्याग ठीक तरह से न ही हो पाता है और वे लोग विलासिता पूर्ण जीवन जीते हैं। ऐसे लोग मधुमेह बीमारी पाने की अधिक संभावना रखते हैं।

कसरत की कमी : अधिक कार्बोहाइड्रेट और वसा वाला भोजन लेना और कसरत की कमी तथा आलस के कारण वजन का बढ़ना भी मधुमेह की संभावना बढ़ाता है।

पोषण दशा

कुपोषण और मोटापा मधुमेह का खतरा उत्पन्न करते हैं।

मनोवैज्ञानिक कारण

मानसिक तनाव, चिंता, विषाद और दूसरी मनोवैज्ञानिक बीमारियाँ भी मधुमेह बढ़ाती हैं।

आनुवंशिकता

मधुमेह विरासत में भी माता पिता, दादा–दादी और अन्य रक्त सम्बन्धियों से भी मिल सकता है

अन्य कारण

अधिक सम्भोग क्रिया, पुरानी बीमारी जैसे– टी. बी., बवासीर, गुप्त रोग भी मधुमेह को जन्म देते हैं।

4 मधुमेह के संकेत और लक्षण

मधुमेह के पहचान के संकेत और लक्षण निम्न बातों पर निर्भर करते हैं–

- मधुमेह के प्रकार।
- मधुमेह की दशा।
- यह कैसे प्रारंभ हुआ धीरे–धीरे या एकदम से।
- रोगी की उम्र।
- रोग की जटिलता का होना या न होना।

जिन रोगियों में मधुमेह की जटिलता नहीं होती है वे चिकित्सक के पास इन शिकायतों या लक्षणों के साथ जाते हैं –

- पेशाब का अधिक मात्र में होना और इसका पतला व पीला होना।
- रात में भी पेशाब का होना जबकि अधिक द्रव वाले पदार्थ न लिए गये हों।
- पेशाब में चीनी या ग्लूकोज का होना जो सामान्यतः नहीं पाया जाता है।

असामान्य रूप से प्यास का लगना जिससे अधिक मात्रा में पानी या अन्य द्रव्य लेना पड़े ऐसा मौसम पर आधारित न होना।

- बहुत अधिक व तुरंत भूख पैदा होना।
- बहुत जल्दी थकावट होना व कमजोरी महसूस होना।
- अधिक भूख लगने के बाद भी वजन में कमी होना और वजन न बढ़ना।
- कपड़ों पर सफेद दाग आना जो आसानी से साफ न होते हों।
- गुप्तांगों में खुजली होना और उनका लाल होना।
- नजर में कमी होना और बार बार चश्में का नंबर बदलना।
- घाव का बहुत धीरे–धीरे असामान्य रूप से भरना।
- हाथ और पैरों में झनझनाहट, सुई चुभने जैसा लगना और उनका सुन्न हो जाना।
- निचले अंगों में विशेषतः पिंडली की पेशियों में दर्द होना जो सामान्य दर्द निवारक दवाओं से ठीक न होना।
- त्वचा में बार बार संक्रमण श्वास नलिका व मूत्र नलिका का संक्रमण, नपुंसकता।

5

मधुमेह की जटिलताएँ

मधुमेह के बारे में जानकारी तब तक अधूरी है, जब तक आप इसकी जटिलताएँ और वे कैसे सामने आती हैं और उनका इलाज क्या है, के बारे में नहीं जानते हैं? जटिलताओं के बारे में जानना महत्त्वपूर्ण है क्योंकि टाइप वन का मधुमेह सदैव जटिलताओं के साथ ही आता है। टाइप टू के मधुमेह में आगे चलकर यह जटिलताएँ सामने आती हैं।

जब किसी व्यक्ति को चिकित्सक बताता है कि उसे मधुमेह की बीमारी है तब उस व्यक्ति को धक्का लगता है। वह सोचता है कि सबको छोड़कर यह बीमारी मुझे क्यों हो गयी। बहुत से लोग मानसिक आघात में पहुँच जाते है और उनकी नींद, भूख, प्यास व तन्मयता समाप्त हो जाती है। इस तरह से मधुमेह एक खतरनाक बीमारी, फोबिया और बहुतों के लिए एक शाप बन जाता है।

मधुमेह क्यों एक खतरनाक बीमारी मानी जाती है?

इसमें पहले से दिखाई देने वाले लक्षण बहुत कम होते हैं। इसे आधुनिक दवाओं द्वारा केवल सीमित किया जा सकता है, परन्तु समाप्त नहीं किया जा सकता। यदि इसका इलाज न किया जाए तो यह कई अन्य जटिलताएँ पैदा कर सकती है।

एक मधुमेह का रोगी सामाजिक तौर पर अपने को असुरक्षित महसूस करता है क्योंकि उसका खानपान प्रतिबंधित होता है व उसे नियमित भोजन व दवाएँ लेनी होती हैं।

एक मधुमेह का रोगी अधिक भागदौड़ वाले काम नहीं कर पाता है, जबकि एक सामान्य व्यक्ति जो इसका रोगी नहीं है, वह उन कार्यों को कर कर सकता है।

इन जटिलताओं में बहुत से तंत्र व अंग प्रभावित होते हैं व बहुत से कारण होते हैं। इनका प्रस्तुतीकरण रोग किस टाइप का है, किस अवस्था पर इसका पता चलता है, कौन से अंग प्रभावित हैं व रक्त शर्करा की क्या मात्रा है, के हिसाब से बदलता है।

मधुमेह की जटिलताएँ कब प्रारम्भ होती हैं –

☞ जब व्यक्ति विशेष तौर पर टाइप वन के मधुमेह से पीड़ित होता है।

☞ जब इलाज प्रारम्भ न हुआ हो।

☞ जब दवा/इंजेक्शन कम या अधिक मात्रा दिया जा रहा हो।

☞ जब इलाज नियमित तौर पर न लिया जाए।

☞ जब रोगी पर इलाज का असर न हो रहा हो।

☞ जब नियमित रक्त शर्करा या दूसरे टेस्ट न करवाएँ जायें।

☞ जब रोग लम्बे समय से चल रहा हो– विशेषतः टाइप वन का रोग।

मधुमेह से होने वाली सामान्य जटिलताएँ निम्न हैं–

हाइपोग्लीसेमिया या निम्न रक्तचाप, कीटोअसिडोसिस, हृदय की बीमारी, गुर्दे का विकार, आँख में परेशानियाँ, नाड़ी की परेशानियाँ, संक्रमण, पैर में गैंग्रीन, पाचन तंत्र में विकार।

हाइपोग्लीसेमिया या निम्न रक्तचाप

हाइपोग्लीसेमिया तब कहते हैं जब रक्तचाप 50–60 मिली ग्राम/100 मिलीलीटर या उससे कम हो जाता है।

यह टाइप टू के रोगी में जो मुख से दवाई लेते हैं, हलके रूप में या स्वयं सीमित रहता है। इसके विपरीत टाइप वन के रोगियों में जो इंसुलिन इंजेक्शन लेते हैं, यह गंभीर आपदा बनकर आता है।

निम्न रक्तचाप के कारण नीचे दिये गये हैं–

☞ इंसुलिन इंजेक्शन या दवा की बहुत अधिक मात्रा

☞ दवा की मात्रा निकालने में गलती

☞ रोग के प्रारम्भिक अवस्था में दवा की अधिक मात्रा

☞ मधुमेह की बीमारी का कम हो जाना

☞ जब तनाव, संक्रमण समाप्त हो जाय या प्रसूति हो जाय और दवा की कम मात्रा की आवश्यकता हो।

☞ जब इंजेक्शन के बाद तुरंत भोजन न लिया जाए या बिलकुल न लिया जाए।

☞ ज्यादा कसरत करने के बाद

☞ गैस की बीमारी यकृत या गुर्दे की बीमारी

☞ जब मौखिक दवाओं के साथ कुछ विशेष दर्द निवारक दवाएँ ली जायें।

☞ मधुमेह की बीमारी वाली माताओं के नवजात शिशुओं में।

निम्न रक्त शर्करा के लक्षण

निम्न रक्त शर्करा के लक्षण हर रोगी में अलग–अलग होते हैं और एक वयस्क में यह बच्चों के मुकाबलें जल्दी दिखतें हैं। निम्न रक्त शर्करा के विभिन्न लक्षण इस प्रकार हैं –

अधिक भूख लगना, वमन की भावना, अधिक पसीना आना, कमजोरी लगना, होठ और अँगुलिओं में झनझनाहट व सुन्न होना, काँपना, दिल का तेज धड़कना, सिरदर्द, धुंधला दिखना या दो वस्तुएँ दिखना, अधिक जंभाई आना, चिड़चिड़ापन, उदासी, कुछ समझ में न आना, घातक व्यवहार करना, यदि रक्तशर्करा नियंत्रित न किया गया हो या बहुत कम हो गया हो, तो सुस्ती, उनींदापन, दौरे या बेहोशी भी हो सकते हैं।

जाँच

☞ इस जटिलता की जाँच एक साधारण रक्त शर्करा जाँच से किया जा सकता है। जाँच में रक्त शर्करा स्तर 50 मिलीग्राम/100 मिलीलीटर से नीचे होगा। यदि खून का नमूना लेने से पहले कुछ दवाई दी जाती है, तब यह स्तर सामान्य भी हो सकता है।

☞ इसके लक्षणों का इलाज के तुरंत बाद समाप्त होना भी इस बीमारी व जाँच की पुष्टि करता है।

☞ इस जटिलता में पेशाब में चीनी नहीं आती है।

इलाज

यदि हाइपोग्लीसेमिया का सन्देह हो तो रोगी को तुरंत कार्बोहाइड्रेट वाला भोजन देना चाहिए और फिर दुबारा रक्त शर्करा रिपोर्ट लेना चाहिए। इनमे से कोई भी पदार्थ दे सकते हैं– चीनी का क्यूब, दस से बीस ग्राम ग्लूकोज पाउडर, ग्लूकोन सी, ग्लूकोन डी, डेक्सट्रोज, इलेक्ट्रोल आदि। फल, डबलरोटी, बिस्कुट या ग्लूकोज का घोल जो खून मे सीधा दिया जाये, यदि हालत गंभीर हो रही हो।

गंभीर मामलों मे जहाँ दौरा पड़े, कोमा या असमान्य व्यवहार हो रहा हो, अस्पताल मे मरीज को भर्ती करना चाहिए।

बचाव के तरीके

☞ मरीज और उसके सम्बन्धियों या अभिभावकों को निम्न रक्त शर्करा की चेतावनी पहचाननी चाहिए और आवश्यक कार्यवाही करनी चाहिए।

- उन्हें अपने चिकित्सक को इस बात की जानकारी देनी चाहिए और दवा की खुराक या दवा के समय मे बदलाव के बारे मे सलाह लेनी चाहिए।
- रोगी को इंसुलीन इंजेक्शन खाने से कुछ मिनट पहले या खाने के दौरान लेना चाहिए।
- यदि खाना नहीं लिया जाता है या लंबी देरी से लिया जाता है तो निम्न रक्त शर्करा की निश्चित सम्भावना रहेगी।
- मौखिक दवाएँ कभी भी अल्कोहल वाले पेय के साथ नहीं लेनी चाहिए।
- यदि कोई कड़ी मेहनत का काम किया जाये तो इसके बाद सदा अतिरिक्त कार्बोहाइड्रेट वाला खाना लेना चाहिए।
- सभी मधुमेह रोगियों को भारतीय मधुमेह संस्था द्वारा तैयार किया गया पहचान पत्र रखना चाहिए इसमें मरीज का नाम, पता, फोन नम्बर, उसके डाक्टर का नाम व पता होना चाहिए। इस कार्ड पर नीचे लिखी अपील भी सामान्यतः रहती है।

"मैं एक मधुमेह का रोगी हूँ। यदि मैं बेहोशी में चला जाऊँ या असामान्य व्यवहार करूँ तो कृपया मुझे चीनी या कुछ मीठा पेय दे दें।"

"यदि मैं बेहोश हो जाऊँ तो कृपया मुझे किसी अस्पताल या डाक्टर के पास ले जायें।" इस अपील के साथ कार्ड पर दवाएँ व उनकी खुराक भी लिखी रहती है।

यह पहचान पत्र आपात्काल में किसी की जान बचा सकता है। इसके अलावा कई मरीज, जिन्हें निम्न रक्त शर्करा हो गयी और उसके कारण असामान्य व्यवहार करने लगें उन्हें नशे में होने के संदेह मे गिरफ्तार कर लिया जाता है। यदि निम्न रक्त शर्करा लम्बे समय तक रहती है तो यह मस्तिष्क को हमेशा के लिए नुकसान पहुँचा सकती है।

कीटोअसिडोसिस

इंसुलिन की कमी के कारण अनियंत्रित मधुमेह होने पर, वसा की अधिक खपत होती है, जिस कारण रक्त और पेशाब में कीटोन अधिक मात्रा मे बनता है। रक्त और तंतुओं मे इसकी अधिक मात्रा से अम्लता पैदा होती है। इसीलिए इस स्थिति को कीटोअसिडोसिस कहते हैं।

इंसुलीन की खोज से पहले करीबन 50% मधुमेह रोगी इसी कीटोअसिडोसिस के कारण मर जाते थे परन्तु अब केवल 20% से भी कम रोगी इस कीटोअसिडोसिस के कारण मरते हैं। इसका मूल कारण मरीजों में अज्ञानता है और कभी–कभी तो डाक्टर भी अनियंत्रित बीमारी से होने वाली जटिलताओं और खतरों को ठीक से नहीं पहचानते हैं।

कीटोअसिडोसिस युवा पीढ़ी विशेषकर महिलाओं और दुबले पतले लोगों मे अधिक पाया जाता है। भारत, अफ्रीका, जापान और वेस्ट इंडीज में यह कम पाया जाता है क्योंकि यहाँ के लोग कम वसा और अधिक कार्बोहाइड्रेट वाला भोजन लेते हैं।

इस जटिलता को पैदा करने वाली या उत्तेजित करने वाले निम्न कारण है –

रोगी इंसुलीन की खुराक कम लेता है या नहीं लेता है क्योंकि–

☞ इसके खतरों के प्रति अज्ञानता

☞ इंजेक्शन की खुराक देने के लिए डाक्टर का न मिलना

☞ धर्म के कारण व्रत या उपवास करना

☞ भोजन का अनुपलब्ध होना

☞ गले, फेफड़ों, त्वचा, मूत्र तंत्रिका में संक्रमण

☞ भोजन लेने के बाद वमन या दस्त लगना

☞ इंसुलीन इंजेक्शन की खुराक का कम होना या अप्रभावी होना

☞ नये पता लगे टाइप वन मधुमेह रोगियों में पहला लक्षण प्रकट होना

☞ तनावपूर्ण स्थितियों जैसे– गर्भधारण, चोट या ऑपरेशन के हालातों में

बीमारी के लक्षण

बीमारी की प्रारंभिक अवस्था में इसके चेतावनी देने वाले बहुत कम संकेत दिखायी देते हैं। बच्चों के अलावा ज्यादातर यह बीमारी धीरे–धीरे बढ़ती है। कीटोअसिडोसिस के सामान्य लक्षण इस प्रकार हैं– बहुत अधिक प्यास, अधिक मात्रा में पेशाब होना, वमन करना, सर दर्द, भूख न लगना, बेचैनी, कमजोरी, पेट में दर्द या मरोड़, कब्ज, ऊंघना, बाद की स्थिति में गहरी व जल्दी जल्दी साँस चलना, अम्लीय साँस चलना (पके फलों की महक वाली) ठंडी सूखी त्वचा, सूखी जीभ, तेज व कमजोर नाड़ी, अंत में कोमा की दशा।

निदान

उपरोक्त लक्षणों के अलावा कुछ प्रयोगशाला की जाँच में इस रोग का निदान किया जा सकता है। यह जाँच निम्न हैं –

☞ रक्त शर्करा का स्तर बहुत अधिक होना जो 800 मिलीग्राम / 100 मिलीलीटर या अधिक तक हो सकता है।

☞ पेशाब में शर्करा और कीटोन का पाया जाना।

☞ खून का असिडोटिक होना और बाईकार्बोनेट की मात्रा का कम होना।

इलाज

रोगी का तुरंत अस्पताल में इलाज होना चाहिए। उसे निम्न इलाज देना चाहिए—

- ☞ इंसुलीन इंजेक्शन।
- ☞ खून की शिरा में ड्रिप लगा कर पानी व इलेक्ट्रोलाइट्स जिससे पानी व अम्लता की कमी दूर हो सके।
- ☞ एंटीबायोटिक इंजेक्शन देकर संक्रमण को सीमित करना।

बचाव

- ☞ नियमित और समय से दवाएँ और इंसुलिन देना।
- ☞ तनाव और संक्रमण की स्थिति में डाक्टर से सलाह करके दवा की मात्रा बढ़ा देना।
- ☞ यदि कोई असामान्य लक्षण दिखाई दे, तो तुरंत डाक्टर को सूचित करना।
- ☞ बिस्तर पर आराम करना।
- ☞ अधिक मात्रा में द्रव पदार्थ लेना जिससे पानी और नमक की कमी से बचा जा सके।
- ☞ यदि जाँच में पुष्टि हो तो मरीज को तुरंत अस्पताल ले जाना चाहिए। यदि मरीज पहले से ही कोमा में हो तो इलाज में कोई भी देरी, उसका ठीक होना बहुत कठिन कर सकती है।

निम्न रक्त शर्करा और कीटोएसीडोसिस से होने वाले कोमा में क्या अंतर है, यह नीचे टेबल में दिया गया है।

क्र.	निम्न रक्त शर्करा से कोमा	कीटोएसीडोसिस से कोमा
1.	एकदम से पैदा होता है	कई दिनों की बीमारी के बाद पैदा होता है
2.	इंसुलिन इंजेक्शन की अधिक मात्रा से	इंसुलिन की कम मात्रा या न लेने से
3.	भोजन कम लेने से या न लेने से	भोजन बहुत अधिक लेने से
4.	अधिक भूख लगना	कम भूख लगना
5.	असामान्य व्यवहार	ऐसा कोई लक्षण नहीं
6.	होंठों और अँगुलियों में झनझनाहट व सुन्न होना	ऐसा कोई लक्षण नहीं

7.	हृदय गति सामान्य	हृदय गति तेज होना
8.	अधिक प्यास व पेशाब के लक्षण न होना	ऐसे लक्षणों का होना
9.	एसीडोटिक या पके फलों की महक का साँस में न होना	ऐसा लक्षण पाया जाना
10.	सामान्य रूप में साँस लेना	अधिक मात्रा में साँस लेना
11.	नाड़ी सामान्य होना	नाड़ी कमजोर होना
12.	पेट में दर्द और कब्ज का न होना	ऐसा लक्षण पाया जाना
13.	पेशाब में ग्लूकोज या कीटोन न होना	पेशाब में ग्लूकोज या कीटोन होना
14.	रक्त शर्करा स्तर कम होना	रक्त शर्करा स्तर बढ़ जाना
15.	भोजन देकर इलाज	इंसुलिन इंजेक्शन देकर इलाज

मधुमेह और हृदय की बीमारी

मधुमेह के रोगी में हृदय की बीमारी होने की सम्भावना अन्य लोगों की अपेक्षा अधिक होती है। हृदय की बीमारी की चेतावनी देने वाले संकेत के अनुसार व्यक्ति का जल्दी थक जाना, थोड़ा सा भी काम करने या आराम करने पर भी तेजी से साँस लेना, सीने के बायीं तरफ या बीच में दर्द होना, एकदम से रक्त शर्करा का अनियंत्रित होना, रक्तचाप का बढ़ जाना।

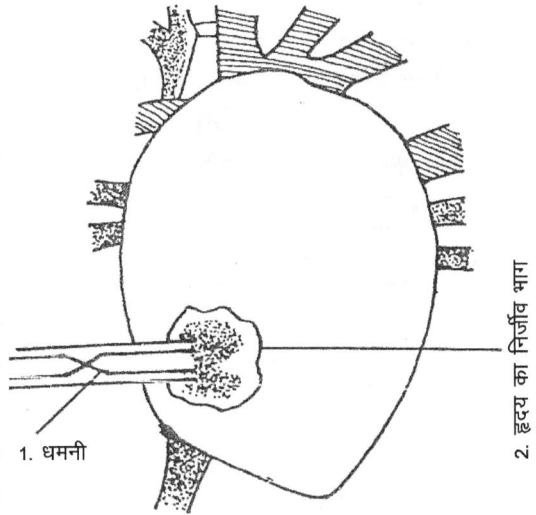

1. धमनी

2. हृदय का निर्जीव भाग

हृदय रोग का आक्रमण

हृदय की बीमारी का इलाज सदैव अस्पताल में होना चाहिए, जहाँ नियमित रूप से विभिन्न शारीरिक और प्रयोगशाला में मापदंडों को नापा जा सके।

मधुमेह रोगियों में हृदय बीमारी से बचाव—

- रक्त शर्करा की नियमित जाँच व इसपर दवाओं द्वारा समुचित नियंत्रण।
- रक्तचाप की मासिक जाँच।
- त्रैमासिक या अर्द्धवार्षिक हृदय की कार्य प्रणाली की जाँच जैसे– ई. सी.जी., खून की जाँच
- कम नमक वाली, वसामुक्त भोजन लेकर व नियमित कसरत द्वारा वजन न बढ़ने देना।
- अब उपलब्ध लिपिड प्रोफाइल जैसे विशेष टेस्ट द्वारा वसा की जाँच होनी चाहिए। यह बताता है कि व्यक्ति विशेष में हृदय बीमारी होने का कितना खतरा है
- सिगरेट व शराब पीना बिलकुल बंद होना चाहिए।
- मधुमेह रोगी महिलाओं में गर्भ निरोधक गोलिओं का प्रयोग सावधानी के साथ होना चाहिए।

मधुमेह व गुर्दे की बीमारी

हृदय की तरह, लम्बे समय तक रहने वाली मधुमेह की बीमारी गुर्दे की समस्या भी पैदा कर सकती है। टाइप वन की बीमारी वाले रोगियों में 30–40% संभावना रहती है कि उन्हें बीस वर्षों बाद गुर्दे की बीमारी हो जाय। टाइप टू की मधुमेह में 15–20% मामलों में यह संभावना रहती है। चूँकि टाइप टू के मरीजों की संख्या अधिक है, इसलिए गुर्दे की बीमारी टाइप टू में टाइप वन के मुकाबले अधिक पायी गयी है।

भारत मे मधुमेह से होने वाली मौतों में 11% गुर्दे की बीमारी के कारण होती हैं।

इस बीमारी का प्रारम्भ भी उसी तरह होता है जैसे हृदय की बीमारी का होता है। गुर्दे की छोटी व बड़ी रक्त नलिकाओं (आर्टेरीस) पर वसा का जमाव हो जाता है जिससे नलिकाएँ पतली हो जाती है और खून के बहाव में अवरोध पैदा होता है।इस कारण से रक्तचाप बढ़ जाता है और खून में बेकार के पदार्थ बढ़ जाते हैं।

गुर्दे की बीमारी होने के निम्न खतरों के संकेत आते हैं– अधिक थकान, थकने पर साँस का उखड़ना, रात्रि में अधिक पेशाब होना, टखनों में सूजन, रक्त शर्करा पर अस्थिर नियंत्रण (इंसुलीन की कम आवश्यकता) और बढ़ा हुआ रक्तचाप।

निदान

- ☞ जब गुर्दे सामान्य रूप से काम कर रहे होते हैं तब पेशाब में प्रोटीन नहीं आता है। परन्तु गुर्दों में बीमारी होने पर पेशाब में प्रोटीन आता है जिसकी मात्रा 24 घंटे में 5 ग्राम या अधिक हो सकती है।
- ☞ जब बीमारी काफी बढ़ जाती है तब रक्त में क्रेटीनीन की मात्रा बहुत बढ़ जाती है।
- ☞ गुर्दे में रोग होने पर पेशाब का संक्रमण हो सकता है और पेशाब में पस कोशिकाएँ व बैक्टीरिया दिखाई देते हैं।

इलाज

- ☞ नियमित रक्त शर्करा जाँच व दवाओं द्वारा चीनी पर समुचित नियंत्रण रखना।
- ☞ यदि उच्च रक्तचाप हो तो उस का इलाज।
- ☞ यदि पेशाब में संक्रमण हो तो उसका इलाज।
- ☞ यदि गुर्दे की बीमारी बहुत बढ़ गयी हो तो डायलिसीस द्वारा रक्त की अशुद्धता को समाप्त करना और शुद्ध रक्त को पुनः भेजना। कुछ मामलों में गुर्दा प्रत्यारोपण भी करवाना पड़ सकता है।

बचाव

मधुमेह की बीमारी में कुछ सावधानियों से गुर्दे की बीमारीं से बचा जा सकता है –

- ☞ रक्तचाप को नियमित तौर पर नापना व उसे नियंत्रित रखना।
- ☞ रक्त शर्करा को नियमित तौर पर नापना व उसे नियंत्रित रखना।
- ☞ कुछ दवाएँ जैसे दर्द निवारक दवा या एक्स–रे वाली डाई से बचना क्योंकि ये गुर्दे को नुकसान करती हैं।
- ☞ चौबीसों घंटे नियमित रूप से पेशाब में प्रोटीन स्तर व गुर्दे के कार्य करने को रक्त की जाँच से नापना (रक्त में यूरिया व क्रेटीनीन)।

मधुमेह के कारण आँख में होने वाली परेशानियाँ

जब मधुमेह लम्बे समय से चल रहा हो तो आँख में निम्न तरह की परेशानियाँ होने की संभावना रहती है–

- ☞ आँख की सबसे अंदर की रक्त वाहिनी (रेटिना) को नुकसान होने से अंधापन।

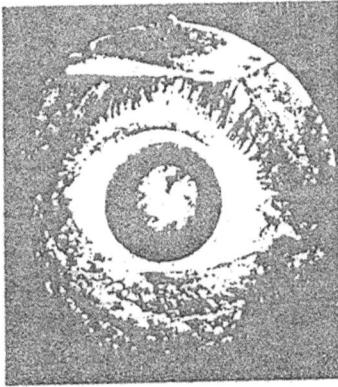

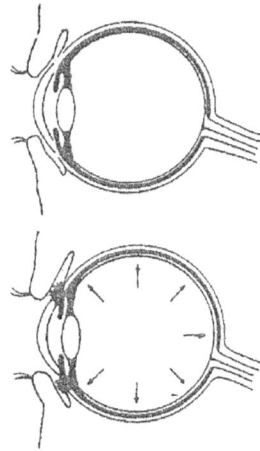

मोतियाबिन्द

काला मोतिया

☞ आँख के लेंस में मोतिया बिंदु या धुंधलापन।

☞ मायोपिया या निकट दृष्टि दोष जिसमें व्यक्ति दूर की वस्तुएँ नहीं देख पाता है।

☞ ग्लूकोमा या कालामोतिया जिसमें आँख पर अधिक दबाव के कारण धुंधला दीखता है या अंधापन हो जाता है।

रेटिना में नुकसान के कारण अंधापन

मधुमेह रोगी में अन्य व्यक्ति के मुकाबले अंधापन का 25 गुना खतरा होता है। 10 वर्षों पुरानी मधुमेह रोग, 50% लोगों में रेटिना में नुकसान से अंधापन हो जाता है। 15 वर्ष पुराने रोग में यह 80% तक हो सकता है।

यू. के. और यू. एस. ए. में अन्धों की 10% संख्या मधुमेह रोग के कारण है। इस बीमारी के प्रमुख लक्षण निम्न हैं –

टाइप वन व टाइप टू दोनों तरह के रोगी समान रूप से इसका शिकार हो सकते हैं। अंधापन अलग–अलग आयु व लिंग के लोगों में हो सकता है। यह एक आँख या दोनों में हो सकता है। इसमें आँख की रक्त नलिकाओं में रक्त का प्रवाह वसा के जम जाने के कारण कम हो जाता है जो अंधेपन का कारण बनता है। कमजोर नलिकाओं से होने वाला रक्तस्राव आँख में सूजन व बाद में अंधेपन का कारण बनता है। रोग की प्रारंभिक अवस्था में ऐसा कोई लक्षण दिखाई नहीं पड़ता है परन्तु आगे चलकर रोगी धुंधलेपन की शिकायत करता है। इस रोग की पहचान रेटिना के 'आप्थैलमास्कोप' द्वारा जाँच से की जा सकती है।

इलाज

- ☞ रोग की प्रारंभिक अवस्था में किसी इलाज की आवश्यकता नहीं होती है। रक्त शर्करा, रक्तचाप और रक्त में वसा को नियंत्रित करके इस रोग पर नियंत्रण किया जा सकता है।
- ☞ रोग की बाद की अवस्था में लेजर फोटोकोअगुलेशन द्वारा या रेटिना की शल्य चिकित्सा द्वारा इस रोग का इलाज किया जाता है।

मधुमेह रोगियों में अंधेपन से बचाव

मधुमेह रोगियों में अंधेपन से बचने के लिए निम्न तरीकों से बचाव किया जा सकता है—

- ☞ मधुमेह के पता चलने पर हर 6 महीने या एक साल पर आँख की जाँच।
- ☞ धूम्रपान न करना और तम्बाकू का सेवन न करना।
- ☞ उच्च रक्तचाप पर दवाओं और नियंत्रित खानपान से नियंत्रण रखना।
- ☞ रक्त शर्करा पर दवाओं और रक्त जाँच द्वारा नियंत्रण।
- ☞ रक्त में वसा के स्तर पर नियमित रक्त जाँच व वसा मुक्त भोजन द्वारा नियंत्रण।

मधुमेह में नाड़ी (नर्व्स) की परेशानियाँ

मधुमेह के अधिकाँश रोगियों में नाड़ी की परेशानी हो जाती है। 25 साल की बीमारी वाले करीब 60% रोगियों में नाड़ी की परेशानी हो जाती है और कभी कभी तो 90% मामलों में यह होती है। यह परेशानियाँ टाइप वन और टाइप टू दोनों तरह के रोगियों में पायी जाती है। अधिकतर यह मध्य आयु या वृद्धों में पायी जाती है। अधिकतर यह लंबी अवधि के अनियंत्रित हलकी मधुमेह की बीमारी में पाया जाता है।

इसमें हाथ की, पैर की या मस्तिष्क और रीढ़ की हड्डी की नाड़ियाँ प्रभावित होती हैं।

नाड़ियों के नुकसान पहुँचने के कारण

- ☞ कार्बोहाइड्रेट मेटाबोलिज्म के कारण सीधा नुकसान।
- ☞ नाड़ियों में रक्तप्रवाह में कमी।
- ☞ बड़ी और छोटी धमनियाँ जो हाथ-पैर और मस्तिष्क की नाड़ियों में खून भेजती हैं, में वसा का जमा होना।

नाड़ियों के नुकसान के संकेत

नाड़ियों की परेशानी होने पर मरीज निम्न तरह के संकेत देता है—

☞ पैर व कभी–कभी रात में हाथों में जलन, झनझनाहट या सुई चुभना या दर्द की शिकायत।

☞ झनझनाहट, सुन्नपन या ठण्डे होने की पैरों में शिकायत। इसके बाद मांसपेशियों में दर्द और ठंडा,गरम या दर्द पता न चलना।

☞ शरीर का संतुलन न रख पाना और हाथ पैरों में शक्ति व दिशा की कमी।

☞ पैर के अँगूठे और नाखून का टेढ़ा होना, खाल का मोटा हो जाना और पैरों में बार–बार चोट लगना व घाव होना।

☞ जाँघ की पेशियों में दर्द कमजोरी और पतलापन।

☞ पेशाब करने पर नियंत्रण न रख पाना।

☞ बार–बार होने वाला कब्ज व दस्त।

☞ पेट में मरोड़

☞ पसीना न आना

☞ बदलते तापमान को सहन न कर पाना।

☞ नपुंसकता

☞ लेटे रहने के बाद तुरंत उठने पर रक्तचाप में कमी आना।

☞ शरीर के एक तरफ एकदम से कमजोरी आना या लकवा मारना।

☞ मस्तिष्क में संक्रमण

इस रोग की पहचान नाड़ियों की कन्डकशन अध्ययन द्वारा पीड़ित नाड़ियों को पहचानकर और इलेक्ट्रोमायोग्राफी के द्वारा की जाती है।

जाँच के नतीजों के आधार पर इलाज करते हैं। इस इलाज में विटामिन का कोई रोल नहीं होता है।

बचाव

ऊपर दिये गये लक्षणों को पहचान कर नाड़ी और पेशियों के कार्य प्रणाली की जाँच करनी चाहिए।

संक्रमण

सभी लोगों को पता चल गया है कि मधुमेह के रोगी में अलग–अलग तरह के संक्रमण की संभावना रहती है। लगभग 8.5% मधुमेह के रोगी विभिन्न तरह के संक्रमण से मर जाते है यद्यपि कई तरह की एंटीबायोटिक दवाएँ उपलब्ध हैं।

संक्रमण के तीन प्रमुख कारण हैं-

(i) मधुमेह पर कमजोर नियंत्रण

(ii) प्रतिरक्षा शक्ति की कमी से बीमारियों से न लड़ पाना

(iii) रक्त नलिकाओं व नाड़ियों में खराबी

संक्रमण के प्रकार

- ☞ पेशाब के संक्रमण के सबसे अधिक मामले होते है और गर्भ के समय यह बढ़ जाते हैं।
- ☞ सीने में संक्रमण जैसे– टी बी और निमोनिया
- ☞ त्वचा का संक्रमण–छाले होना, कारबन्कल, फंगल संक्रमण जो महिलाओं के गुप्तांगों में अधिक होता है।
- ☞ कभी–कभी हड्डियों और पित्ताशय में संक्रमण

इनका इलाज रक्त शर्करा पर नियंत्रण और सही मात्रा में एंटीबायोटिक दवाओं से होता है।

पैर में गैंगरीन– गैंगरीन का अर्थ– शरीर के किसी भाग की मृत्यु या बेकार होना है।

मधुमेह के रोगियों में पैर का गैंगरीन अधिक पाया जाता है और इस कारण पैर के अँगूठे या कई मामलों में पूरे पैर को काटकर निकालना पड़ता है।

गैंगरीन का कारण पैर की नाड़ियों का नष्ट होना या पैर के निचले भाग में रक्त प्रवाह का कम होना या पैर और तलवे में त्वचा का संक्रमण हो सकता है।

मधुमेह तथा गैंगरीन

गैंगरीन के लक्षणों में प्रारम्भ में पैर में दर्द, बाद में पैर में शक्ति की कमी, पैर के रंग और बनावट में परिवर्तन जो पहले लाल फिर पीला और अंत में काला दिखाई देता है। टखने में ठंडापन और पैर की त्वचा में संक्रमण हो जाता है।

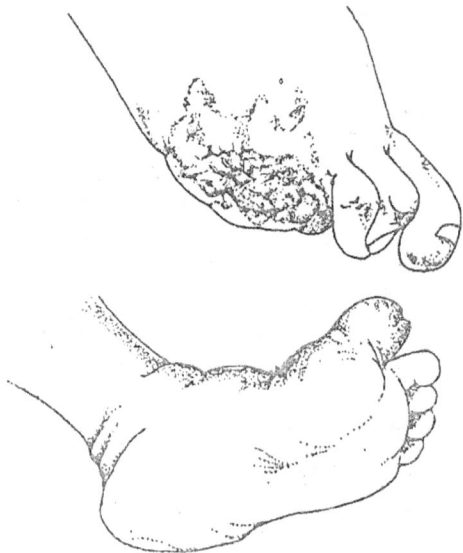

इलाज

- रक्त शर्करा पर नियंत्रण अतिआवश्यक है।
- पैर के तलवे में कोमल पट्टी।
- पैर को आराम देना और पूरी तरह बिस्तर पर रहना।
- संक्रमण का एंटीबायोटिक द्वारा इलाज।
- दर्द का दर्द निवारक दवा से इलाज।
- प्रभावित अँगूठे या पूरे पैर को काट कर निकाल देना, यदि रोग फैल रहा हो या दर्द कम न हो रहा हो।

बचाव

- रक्त शर्करा की नियमित जाँच
- पैर की वार्षिक या अर्द्धवार्षिक जाँच
- पैर को ठीक से प्रतिदिन साफ करना व चिकनाई वाले क्रीम व तेल लगाना।
- नंगे पैर न चलना
- तापमान के अधिक बदलाव से बचना
- ठीक नाप वाले जूते पहनना
- पैर के नाखूनों को नियमित काटना
- पैर में कॉर्न होने पर उसे अपने आप न काटना
- त्वचा रोग का इलाज करना

पाचन तंत्र की परेशानियाँ

कुछ मरीजों में मधुमेह के साथ पाचन तंत्र की परेशानियाँ नाड़ियों के प्रभावित होने से आती हैं। पेट और आँतों का चलन रक्त प्रवाह या कीटोएसीडोसिस के कारण कम हो जाता है।

सामान्य रूप से पेट में दर्द। वमन, दस्त, कब्ज, भूख न लगना। बदबूदार, मोटा या चिपचिपा पाखाना होना या खाने के बाद पेट का फूलना आदि शिकायतें होती हैं। इनका इलाज इन शिकायतों के आधार पर होता है।

6 मधुमेह की पहचान

मधुमेह की पहचान का तरीका आसान प्रतीत होता है क्योंकि इसके कारण रक्त शर्करा बढ़ जाती है और कभी–कभी पेशाब में भी शक्कर आने लगती है, किन्तु इस बारे में कई तथ्यों व भ्रांतियों को ध्यान में रखना चाहिए। मधुमेह निम्न प्रकार के लोगों में पायी जा सकती है –

मधुमेह का संदेह होने वाले संकेत

- यदि व्यक्ति की आयु 40 वर्ष या अधिक हो।
- रक्त कोशिकाओं में मधुमेह पहले से रही हो।
- बहुत अधिक वजन होना।
- जिन लोगों में अधिक प्यास, भूख या अच्छा भोजन लेने के बाद भी वजन गिरने की शिकायत हो, जल्दी–जल्दी संक्रमण होना, बिना किसी कारण के कमजोरी लगना।
- जिन लोगों में हृदय की बीमारी हो, उच्च रक्तचाप, या अनिश्चित दर्द हो।
- जिन औरतों ने गर्भ के समय बहुत अधिक वजन बढ़ा लिया हो।
- जिन औरतों ने 3.5 किलोग्राम से अधिक वजन के बच्चे को जन्म दिया हो।
- जन्म से पूर्व या बाद में बच्चे की कई बार मृत्यु हो जाना।

मधुमेह की पहचान व दवा के साथ यह कैसे घट बढ़ रहा है, इसकी पहचान करने के लिए निम्न टेस्ट्स करते हैं–

- पेशाब के परीक्षण से उसमें ग्लूकोज (चीनी) या कीटोन्स को देखते हैं।
- इस काम के लिए कई तरह के टेस्ट उपलब्ध हैं।

बेनेडिक्ट्स टेस्ट

यह मधुमेह का पता लगाने का सबसे पुराना टेस्ट है। यह अब अप्रचलित है और केवल दूर के प्राथमिक स्वास्थ्य केन्द्रों जहाँ अन्य टेस्ट की सुविधा न हो, वहाँ किया जाता है।

एक परखनली में पेशाब की 8 बूँदों में 5 एम.एल (एक चाय का चम्मच) बेनेदिक्ट्स क्वालिटेटिव सलूशन डालकर उबालते हैं और उसका रंग देखते हैं। रंग के आधार पर इस तरह के परिणाम निकलते हैं –

नीला	शून्य
साफ हरा	0.1%
गंदा हरा	0.3%
हरा व पीला तलछट	0.5 से 1%
पीला	1%
नारंगी	2%
ईंट की तरह लाल	2% से अधिक

इस टेस्ट में भ्रांतियाँ

- ☞ इसमें मधुमेह का केवल मोटा आइडिया मिलता है क्योंकि इसमें केवल शक्कर की उपस्थिति पता चलती है जबकि मधुमेह के गंभीर मामलों में रक्त शर्करा 180 मिली ग्राम/100 मिलीलीटर से अधिक हो जाती है।
- ☞ यदि पेशाब में अन्य तरह के शक्कर जैसे– फ्रक्टोज, गैलाक्टोज, माल्टोज और लैक्टोज होते हैं, तब भी यह टेस्ट मधुमेह का संकेत देता है।
- ☞ कुछ दवाएँ जैसे एस्पीरीन पेंसिलीन दूसरी एंटीबायोटिक और विटामिन सी से भी मधुमेह का संकेत मिल सकता है।
- ☞ बच्चों के पेशाब का नमूना लेना कठिन होता है।

डिप स्टिक तरीका

कुछ विशेष तरह के कागज या प्लास्टिक की पट्टी आती हैं, जिनमें लगे विशेष रसायनों के कारण जब यह शक्कर या कीटोन घोल के संपर्क में आते है, तो रंग बदल देते हैं। उदाहरण के लिए एक तरह की पट्टी पीले से हरी, हरी से गहरी नीली हो जाती है, जबकि एक दूसरी पट्टी नीले से हरी व भूरी हो जाती है। यह डिप स्टिक ताजे पेशाब में या सीधे पेशाब होते समय

30 सेकंड के लिए लगाने पर जो रंग बदल कर आता है उसके अनुसार ही मधुमेह की पहचान करते हैं। इस तरह की कई डिप स्टिक इन नामों के अनुसार आती हैं– दायास्तिक, कीटो दायास्तिक, ग्लुकेतूर, उरीस्तिक आदि।

असुविधा

- ☞ यह महँगा तरीका है, यद्यपि पट्टी को सीधा लम्बाई की तरफ काटकर इसकी लागत कम की जा सकती है।
- ☞ जिन रोगियों को रंग अन्धता होती है वे सही नतीजे पर नहीं पहुँच पाते हैं।
- ☞ विटामिन सी और दूसरी दवाओं से नतीजों पर फर्क पड़ सकता है।

इन पत्तिओं की, विशेषतः इनके डिब्बों को खोल देने के बाद सीमित भंडारण अवधि होती है।

सुविधा

- ☞ इनके प्रयोग का तरीका आसान है।
- ☞ घर पर भी रोगी इनका प्रयोग कर सकता है।
- ☞ टेस्ट का परिणाम तुरंत मिल जाता है।
- ☞ यह मधुमेह को घर पर जाँचने के लिए उपयोगी तरीका है। टाइप वन मधुमेह रोगी अपने पेशाब की दिन में 3 से 4 बार जाँच कर सकते हैं। टाइप टू के रोगी हर 2 घंटे में या भोजन के बाद यह जाँच कर सकते हैं।

पेशाब में कीटोन्स की जाँच

पेशाब में कीटोन्स की जाँच निम्न तरह से की जा सकती है –

(i) डिप स्टिक मेथड – ऊपर दिया गया है

(ii) रोथेरा टेस्ट

(iii) गेर्हार्द्ट्स टेस्ट

शर्करा (ग्लूकोज) के अनुमान के लिए रक्त जाँच

मधुमेह का ठीक अनुमान रक्त शर्करा जाँच से किया जा सकता है।रक्त शर्करा के अनुमान के लिए किये जाने वाले विभिन्न टेस्ट्स इस प्रकार हैं –

अनाहार रक्त शर्करा

रात्रि में 10–14 घंटे तक अनाहार रहने के बाद नस से या अँगुली की पोर से

रक्त का नमूना लेते हैं और रक्त शर्करा का अनुमान रीजेंट किट द्वारा निम्न से किसी एक तरीके से करते हैं –

☞ एन्जाइम लिंक्ड इम्मुनोसार्बेंट अस्से (ELISA) विधि

☞ रेडियो इम्मुनोअस्से (RIA) विधि

☞ डिप स्टिक तरीका जैसा पेशाब की जाँच में करते हैं।

इस टेस्ट का महत्त्व

☞ इस अकेले टेस्ट से मधुमेह का पता नहीं लगाया जा सकता है।

☞ कम मधुमेह होने पर यह टेस्ट सामान्य नतीजे दे सकता है और बीमारी का पता नहीं चल सकता है।

☞ इस टेस्ट की सच्चाई का पता लगाना कठिन है क्योंकि वास्तव में मरीज अनाहार है – यह कहना संभव नही हैं। लोग एक कप चाय/काफी पीकर यह टेस्ट करवातें है, जो गलत होता है।

☞ सामान्य रूप से अनाहार रक्त शर्करा 100 मिलीग्राम होती है और यदि यह 126 मिलीग्राम या अधिक हो तो मधुमेह की पुष्टि करती है।

पोस्ट प्रान्डिअल शर्करा (P.P.)

यह टेस्ट इस धारणा पर आधारित है कि कार्बोहाइड्रेट भोजन या ग्लूकोज लेने के बाद रक्त शर्करा 2 से 2.5 घंटे में निराहार रक्त शर्करा के स्तर पर आ जाता है।

मधुमेह के कार्बोहाइड्रेट पचाने वाले प्राथमिक संकेतों में रक्त शर्करा के अनाहार रक्त शर्करा स्तर तक आने में देरी होना होता है।

यह टेस्ट भोजन के दो घंटे बाद या 75 ग्राम ग्लूकोज को 300 मिलीलीटर पानी में घोल कर पीने के बाद किया जाता है।

इस टेस्ट का महत्त्व

☞ यह अनाहार होकर टेस्ट से अधिक उत्तम है।

☞ इसमें सामान्य स्तर 200 मिलीग्राम होता है और इससे अधिक होने पर मधुमेह का संकेत करता है।

☞ अधिक स्तर होने के निम्न कारण हो सकते हैं– अधिक समय तक कोई काम न करना, कार्बोहाईड्रेट्स न लेना, अधिक वसा लेना, यकृत में विकार, मासिक धर्म, अधिक आयु का होना, कुछ दवाओं का सेवन जैसे– स्टीरायड, मौखिक गोलियाँ,नींद की गोली लेना।

☞ निम्न स्तर होने के कारण इस प्रकार हैं – थकावट, वामन या एस्पीरीन लेने के बाद।

☞ यह टेस्ट मधुमेह पर नियंत्रण की जाँच के लिए भी महत्त्वपूर्ण है। यदि खून का नमूना खाने के साथ दवाओं के लेने के 2 घंटे बाद लिया जाता है, तो रक्त शर्करा का स्तर बीमारी पर नियंत्रण का द्योतक होता है।

आकस्मिक रक्त शर्करा जाँच

आकस्मिक रक्त शर्करा जाँच में खून का नमूना दिन में किसी भी समय लिया जा सकता है – विशेषतः यह निराहार या भोजन के बाद (प्रान्दिअल) नहीं होना चाहिए।

इस टेस्ट का महत्त्व

यह टेस्ट मधुमेह का एक मोटा संकेत ही देता है और मधुमेह की जाँच में बहुत कम महत्त्व रखता है। यह तभी निर्णायक माना जा सकता है, यदि रक्त शर्करा स्तर 250 मिलीग्राम से अधिक आता है।

ग्लूकोज टालेरेन्स टेस्ट (G.T.T.)

इस टेस्ट का सिद्धांत

यह टेस्ट इस सिद्धांत पर आधारित है कि एक सामान्य व्यक्ति में ग्लूकोज का अन्तर्ग्रहण होने पर आधे से एक घंटे में रक्त शर्करा स्तर बढ़ जाता है और यह 2 से 2.5 घंटे में निराहार वाले स्तर पर आ जाता है। एक मधुमेह रोगी में रक्त शर्करा अधिक बढ़ जाती है, अधिक समय तक बढ़ी रहती है और निराहार स्तर तक वापस आने में देर लगती है।

टेस्ट का तरीका

रात भर करीब 10–14 घंटे निराहार रहकर किसी व्यक्ति का रक्त लिया जाता है और फिर 2 घंटे बाद एक और नमूना लिया जाता है। कुछ मामलों में दूसरा नमूना 3–4 घंटे में भी लिया जा सकता है। पहला नमूना लेने के बाद 300 मिलीलीटर पानी में 75 ग्राम ग्लूकोज घोल कर दिया जाता है और अगले 2 घंटों तक हर आधे घंटे पर यह टेस्ट लिया जाता है।

यह टेस्ट किसी व्यक्ति में जो सामान्य भोजन व सामान्य गतिविधि कर रहा हो, लिया जाता है। टेस्ट के दौरान व्यक्ति को शारीरिक व मानसिक आराम की अवस्था में होना चाहिए और धूम्रपान नहीं करना चाहिए।

एक सामान्य और एक मधुमेह रोगी में इस टेस्ट के निम्न आँकड़े होने चाहिए –

☞ जी. टी. टी. मूल्य जो सामान्य और मधुमेह वाले व्यक्ति में आने चाहिए

	सामान्य मिलीग्राम%	सीमा रेखा मिलीग्राम%	मधुमेह रोगी मिलीग्राम%
अनाहार	110 से कम	110–125 (आई एफ जी)	126 से अधिक
दो घंटे के बाद	140 से कम	140–199 (आई जी टी)	200 या अधिक

नोट- आई एफ जी (इम्पेअर फास्टिंग ग्लूकोज)

आई जी टी (इम्पेअर ग्लूकोज टालरेन्स)

यह मधुमेह के प्रारम्भ की स्थिति है।

इस टेस्ट का महत्त्व

☞ यह टेस्ट बहुत उपयोगी है और मधुमेह की जाँच में पक्का सबूत देता है।

☞ यह सीमा रेखा वाले मधुमेह के मामलों को सामने लाता है, जिनमें आगे चलकर मधुमेह होने वाला है।

☞ आजकल इसका प्रयोग नहीं करते हैं क्योंकि इसमें अधिक समय लगता है और बहुत बीमार या कमजोर रोगियों को प्रयोगशाला या अस्पताल में इस कठिन टेस्ट को लेना संभव नहीं हो पाता।

☞ कई अन्य कारणों से सामान्य टेस्ट के आँकड़े भी बदल जाते हैं।

डेक्सट्रोमीटर या ग्लुकोमीटर

कुछ चल उपकरण अब उपलब्ध हैं जिनसे डाक्टर के यहाँ या घर पर भी मधुमेह की पहचान व नियमित जाँच की जा सकती है। इन उपकरणों को डेक्सट्रोमीटर या ग्लुकोमीटर कहते हैं।

डेक्सट्रोमीटर या ग्लुकोमीटर के प्रयोग का तरीका

डेक्सट्रोमीटर या ग्लुकोमीटर

व्यक्ति की अँगुली के पोर से एक या दो बूँद खून लेकर एक पतली पत्ती जिसमें एक तरफ विशेष रसायन (डेक्सट्रो स्टिक, हिमोग्लुकोटेस्ट) होता है, पर रखते हैं। इसके बाद पत्ती को डेक्सट्रोमीटर के अंदर डालते हैं, जिसमें मीटर पर रक्त शर्करा की रीडिंग आ जाती है।

प्रक्रिया के लाभ व हानियाँ

यह एक जल्दी और निश्चित तरीका है जिससे रक्त शर्करा स्तर को अनुमानित कर सकते हैं। यह विशेषतः नियमित तौर पर नये पहचाने गये मामलों की जाँच के लिए उपयोगी है, जहाँ दवा की मात्रा को सही तरह से मापने की आवश्यकता

होती है। टाइप वन के रोगियों और अनियंत्रित मधुमेह के मामलों, जहाँ प्रतिदिन दो से तीन बार खून की जाँच करनी हो और बार–बार प्रयोगशाला जाना कठिन व समय लेने वाला होता है, उन मामलों में यह लाभकारी है।

आपात् स्थितियों जैसे निम्न रक्तचाप या कीटोएसीडोसिस के मामलों या जब प्रयोगशाला बंद हो तब यह बहुत उपयोगी है।

बिस्तर पर पड़े हुए रोगियों और गर्भवती महिलाओं, जिन्हें चलने में परेशानी हो, उनके लिए डेक्सट्रोमीटर बहुत उपयोगी है। अभी यह उपकरण और पत्तियाँ महँगी हैं परन्तु जब इनका आयात कम होगा और देश में बनने लगेंगी तब इनकी लागत कम हो जायगी।

ग्लाइकोसिलेटेड हीमोग्लोबीन

हिमोग्लोबीन हमारे लाल रक्त कोशिकाओं में पाया जाने वाला लौह पदार्थ है, जो ऑक्सीजन के साथ मिलकर इसे शरीर के विभिन्न अंगों तक ले जाता है। कभी–कभी हिमोग्लोबीन के साथ ग्लूकोज भी जुड़ जाता है, तब इसके अणु को ग्लाइकोसिलेटेड हीमोग्लोबीन कहते हैं। इस ग्लाइकोसिलेटेड हीमोग्लोबीन की सांद्रता से मधुमेह के मामलों में औसत ग्लूकोज की नाप कर सकते हैं। यह मधुमेह रोगियों में अन्य के मुकाबले अधिक होता है।

चूँकि एक लाल रक्त कोशिका का जीवन तीन महीनों का होता है इसलिए यह पिछले तीन महीनों के रक्त में ग्लूकोज का सूचक होता है।

इस टेस्ट का महत्त्व

- ☞ यह गर्भवती महिलाओं के लिए एक महत्त्वपूर्ण टेस्ट है जिससे गर्भ धारण के दौरान मेटाबोलिक नियंत्रण की सूचना मिलती है, जो बहुत महत्त्वपूर्ण है। असामान्य बच्चों और गर्भ में बच्चों की मौत पर शर्करा के नियंत्रण से काबू रक्खा जा सकता है।

- ☞ तीन महीनों के शर्करा नियंत्रण को जानने से इलाज में आवश्यक बदलाव कर सकते हैं और दीर्घकालीन नियंत्रण संभव होता है।

- ☞ यह इंसुलीन आधारित मधुमेह, जहाँ रक्त में ग्लुकोज का बदलाव बहुत अधिक होता है, उपयोगी है।

- ☞ रोगी को उपवास पर नहीं रहना होता है या भोजन के बाद फिर टेस्ट नहीं करना होता है।

- ☞ यह निम्न रक्त शर्करा या कीटोएसीडोसिस में उपयोगी नहीं है।

- ☞ प्रतिदिन की देखभाल व इलाज में बदलाव में यह संभव नहीं है।

☞ इसे किसी अच्छी प्रयोगशाला में ही कर सकते हैं।

☞ अस्थाई कम्पाउंड जैसे– प्री ग्लाइकोसिलेटेड हीमोग्लोबीन, इस टेस्ट के नतीजों में बदलाव कर सकता है।

☞ रक्त अल्पता वाले रोगियों में जिनका हीमोग्लोबीन और लाल रक्त कोशिका कम होती है, गलत परिणाम आ सकता है।

☞ गुर्दे की समस्या वाले रोगियों में इसका परिणाम गलत हो सकता है।

पेशाब और रक्त शर्करा टेस्ट में अन्तर

क्र.	पेशाब में शर्करा टेस्ट	रक्त शर्करा टेस्ट
1.	पेशाब मे शर्करा तब आती जब रक्त शर्करा 180 मिलीग्राम से अधिक हो।	रक्त शर्करा का कोई भी स्तर हो सकता है।
2.	केवल बढ़ी हुई मधुमेह को जानने में सहायक है।	प्रारंभिक व हलकी मधुमेह का पता लगाया जा सकता है।
3.	अन्य तरह की शर्करा जैसे लैक्टोज फ्रक्टोज आदि फर्क डाल सकते हैं और शर्करा का संकेत दे सकते हैं।	अन्य तरह की शर्करा का कोई प्रभाव नहीं होता है।
4.	दवाएँ जैसे– विटामिन सी, एस्पीरीन आदि परिणाम प्रभावित कर सकते हैं।	कोई फर्क तब तक नहीं होता जब तक डिप स्टिक का प्रयोग न किया गया हो।
5.	बच्चों में पेशाब का नमूना लेना कठिन होता है।	रक्त का नमूना लेना संभव है, यद्यपि इसमें दर्द होता है।
6.	भावात्मक कारणों से इस टेस्ट के नतीजों में फर्क नहीं होता।	ये प्रभाव डाल सकते हैं।
7.	यह ठीक–ठीक नापने का सही तरीका नहीं है।	यह मधुमेह पर नियंत्रण देखने का सही तरीका है।

अन्त में....

हम आशा करते हैं कि प्रस्तुत पुस्तक में मधुमेह सम्बन्धी आपकी सम्पूर्ण जिज्ञासाओं का समाधान हो गया होगा। मधुमेह से संबंधित अपनी अन्य जिज्ञासाओं के समाधान हेतु आप हमारे यहाँ से प्रकाशित कोई दूसरी पुस्तक लेकर अपने ज्ञान में वृद्धि कर सकते हैं।

www.ingramcontent.com/pod-product-compliance
Lightning Source LLC
Chambersburg PA
CBHW061756040426
42447CB00011B/2331